Así es nuestro país

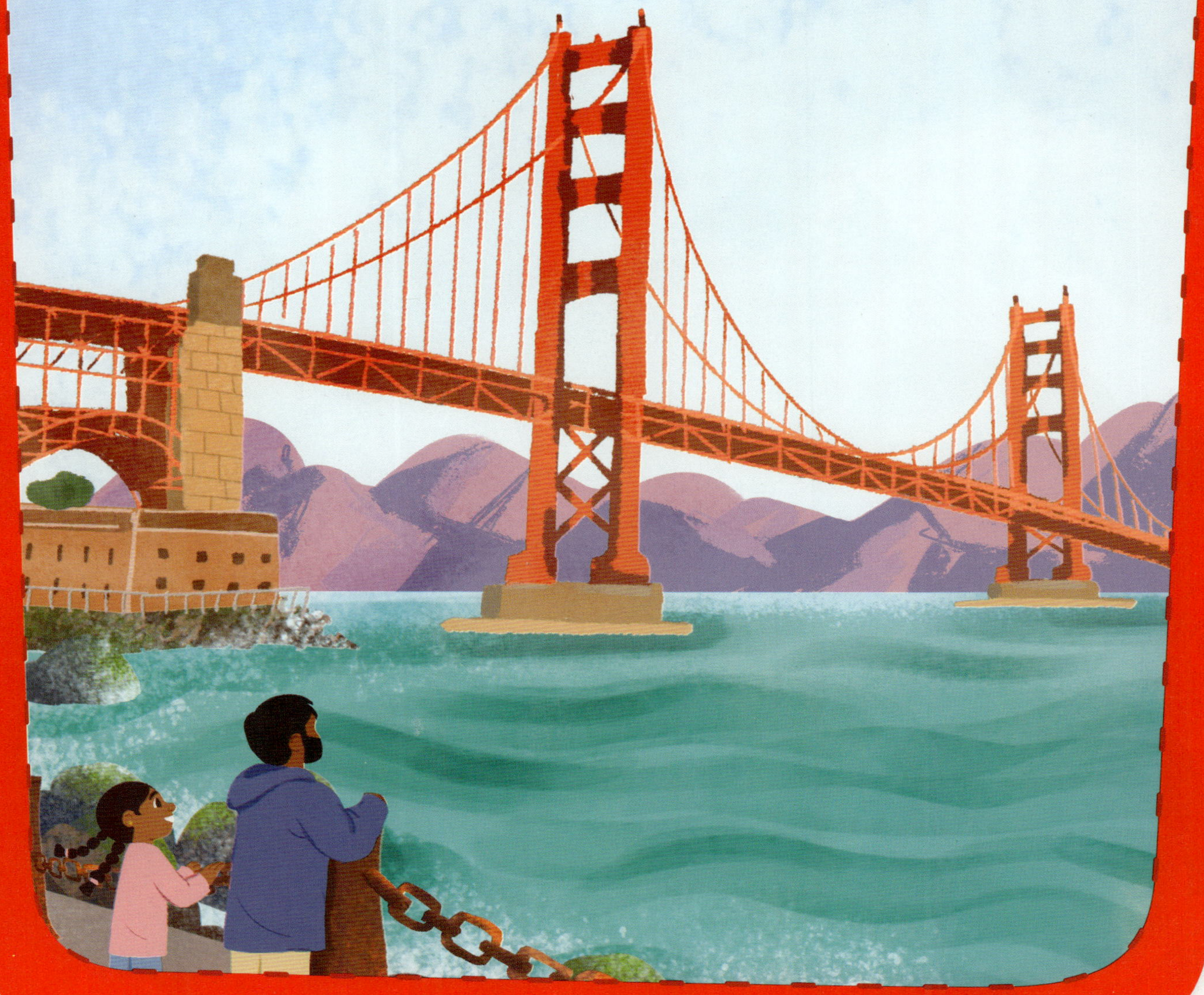

Dona Herweck Rice

Ilustrado por Samya Zitouni

Así es nuestro país,

con personas buenas de todo tipo.

Así es nuestro país,

con gente que trabaja y construye.

Así es nuestro país,

con ciudades grandes y pueblos pequeños.

Así es nuestro país,

con sus playas, montañas, valles, llanuras, desiertos y cursos de agua.

Así es nuestro país,

con rascacielos altísimos y casas bajas.

Así es nuestro país,
con carreteras y puentes.

Así es nuestro país, con mascotas mimadas y animales silvestres.

Así es nuestro país,
con sus monumentos históricos
y sus museos.

Así es nuestro país,
con sus tesoros nacionales.

Así es nuestro país, nuestro dulce hogar.

Notas para los adultos

Este libro ofrece una valiosa experiencia de lectura compartida a los niños que se están iniciando o que aún se están afianzando en la lectoescritura. Las imágenes ayudan a los niños a contar la historia, ya sea que lean por su cuenta o que alguien más les lea. ¡Qué excelente herramienta para desarrollar la confianza que necesitan para encarar las aventuras que los esperan al leer!

Para ampliar esta experiencia de lectura, realice una o más de las siguientes actividades:

Después de leer, vuelvan al libro una y otra vez. Volver a leer es una excelente herramienta para desarrollar destrezas de lectoescritura.

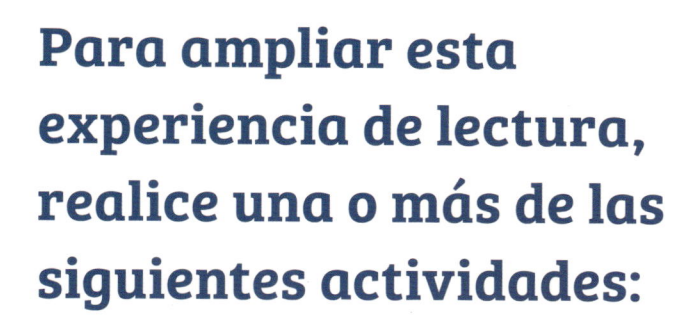

Busquen información sobre los símbolos de Estados Unidos, como la bandera, el águila calva y la Casa Blanca. Busquen la bandera en este libro.

Pregúntele al niño qué es lo que más le gusta de su país y por qué.

Comenten qué es un país. ¿Qué es importante que tenga un país?

¿Qué cree el niño que sienten por Estados Unidos la autora y la ilustradora de este libro? ¿Cómo lo sabe?

Asesora

Cynthia Malo, M.A.Ed.

Créditos de publicación

Rachelle Cracchiolo, M.S.Ed., *Editora comercial*
Emily R. Smith, M.A.Ed., *Vicepresidenta superior de desarrollo de contenido*
Véronique Bos, *Vicepresidenta de desarrollo creativo*
Caroline Gasca, M.S.Ed., *Gerenta general de contenido*
Fabiola Sepulveda, *Directora de arte*

Library of Congress Cataloging-in-Publication Data

Names: Rice, Dona, author. | Zitouni, Samya, illustrator.
Title: Así es nuestro país / Dona Herweck Rice ; illustrado por Samya Zitouni.
Other titles: Our country is. Spanish
Description: Huntington Beach, CA : Teacher Created Materials, [2025] | Original title: Our country is. | Audience: Ages 3-9 | Summary: "Our country is many things. What does it mean to you?"-- Provided by publisher.
Identifiers: LCCN 2024028172 (print) | LCCN 2024028173 (ebook) | ISBN 9798765961872 (paperback) | ISBN 9798765966822 (ebook)
Subjects: LCSH: United States--Juvenile literature.
Classification: LCC E156 .R52418 2025 (print) | LCC E156 (ebook) | DDC 973--dc23/eng/20240625

Se prohíbe la reproducción y la distribución de este libro por cualquier medio sin autorización escrita de la editorial.

5482 Argosy Avenue
Huntington Beach, CA 92649
www.tcmpub.com
ISBN 979-8-7659-6187-2
© 2025 Teacher Created Materials, Inc.
Printed by: 926. Printed in: Malaysia. PO#: PO13820